Mandalas de bolso

9.

V&R EDITORAS

Diretora de projeto editorial: Lidia María Riba
Diretora de projeto gráfico: Trini Vergara
Direção editorial: María Nazareth Alves
Direção de arte: Paula Fernández
Editora: Luciana Salgado
Assistente editorial: Marcia Alves
Capa e diagramação: Cristina Nogueira da Silva

Título original: *Mandalas de bolsillo 9*

www.vreditoras.com.br

Rua Coronel Lisboa, 989 – CEP 04020-041 – Vila Mariana – São Paulo – SP
Tel./Fax: (55 11) 4612-2866 • e-mail: editoras@vreditoras.com.br

ISBN 978-85-7683-312-3

1ª edição, 2011 | 2ª reimpressão, 2015

Impressão e acabamento: Type Brasil
Impresso no Brasil • Printed in Brasil

Dados Internacionais de Catalogação na Publicação (CIP)
(Câmara Brasileira do Livro, SP, Brasil)

Zaragüeta, Gemma
Mandalas de bolso 9 / Gemma Zaragüeta ; [tradução Fabrício Valério]. – Cotia, SP : Vergara & Riba Editoras, 2011.

Título original: Mandalas de bolsillo 9.
ISBN 978-85-7683-312-3

1. Desenhos - Aspectos religiosos 2. Mandala I. Título.

11-05870 CDD-291.37

Índice para catálogo sistemático:
1. Mandalas : Desenhos sagrados : Religião comparada 291.37

Contém 46 mandalas, tamanho bolso,
da ilustradora Gemma Zaragüeta.

A mandala é a FORMA mesma da VIDA, do crescimento a partir de um ponto nutritivo que proporciona energia ao conjunto. É a imagem do constante ir e vir entre o interior e o exterior, do movimento vital de todo ser, que oscila entre a expansão e a volta ao centro para encontrar nele a fonte. É a força centrífuga, que estimula a criança a explorar seu próprio "eu", e a força centrípeta, que devolve ao adulto a introspecção.

Conselhos e sugestões

A experiência nos mostra que certas regras devem ser respeitadas:

- É uma atividade livre, nunca deve ser imposta.
- Trabalhar à luz do dia ou com boa iluminação.
- Nunca começar outra mandala antes de terminar a anterior.

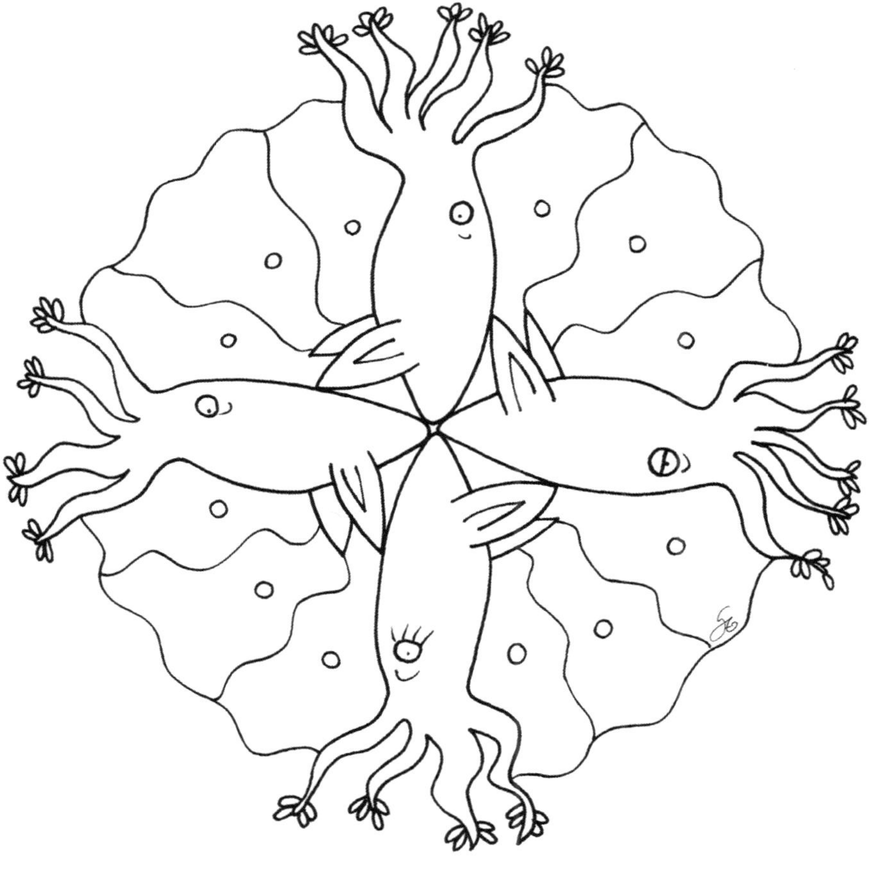

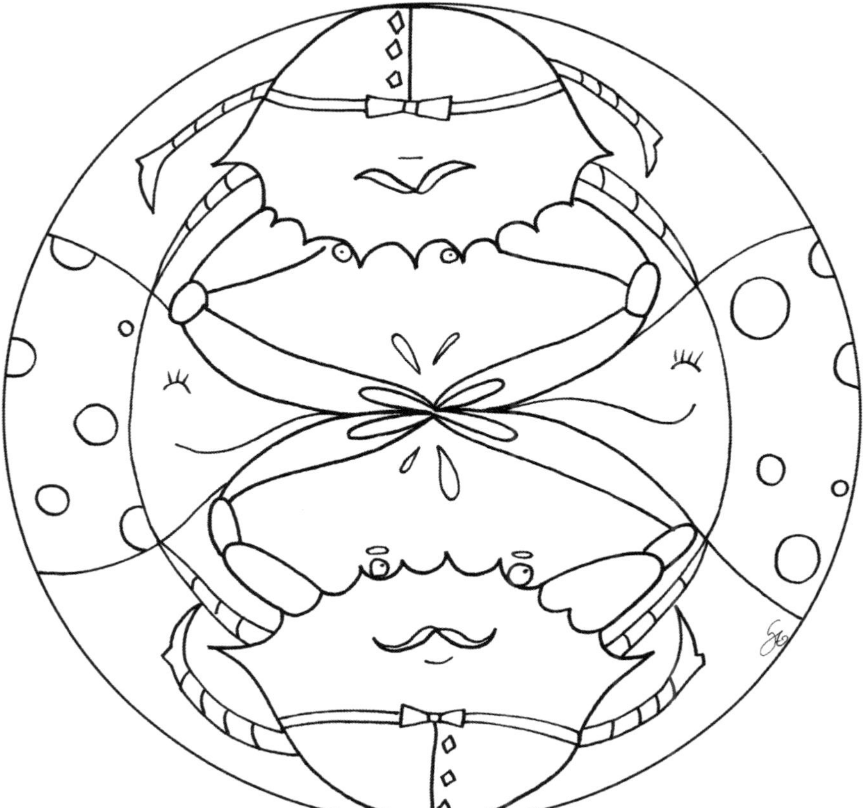

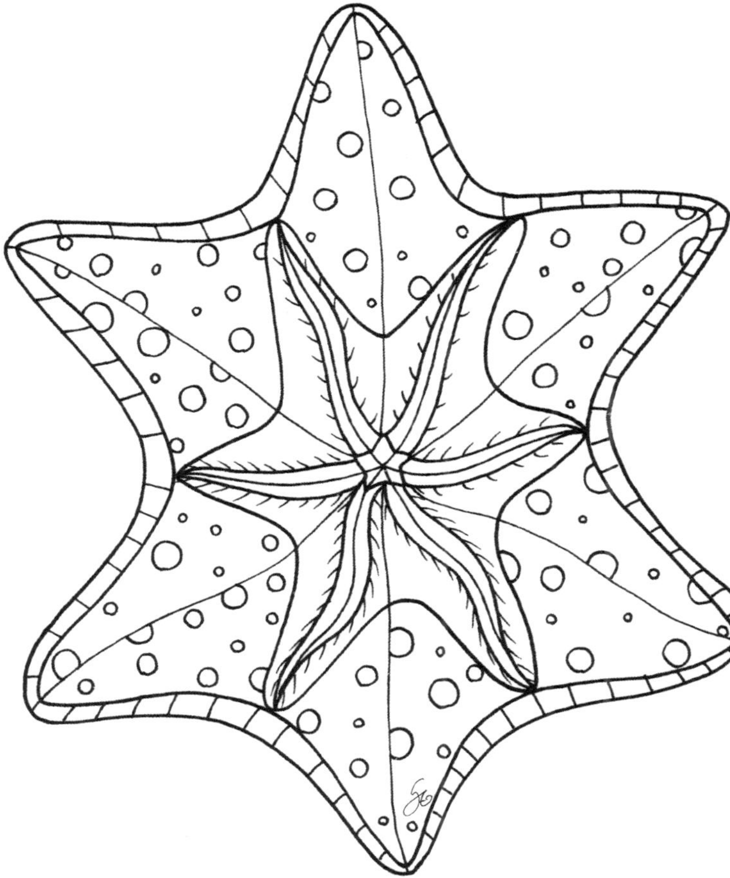

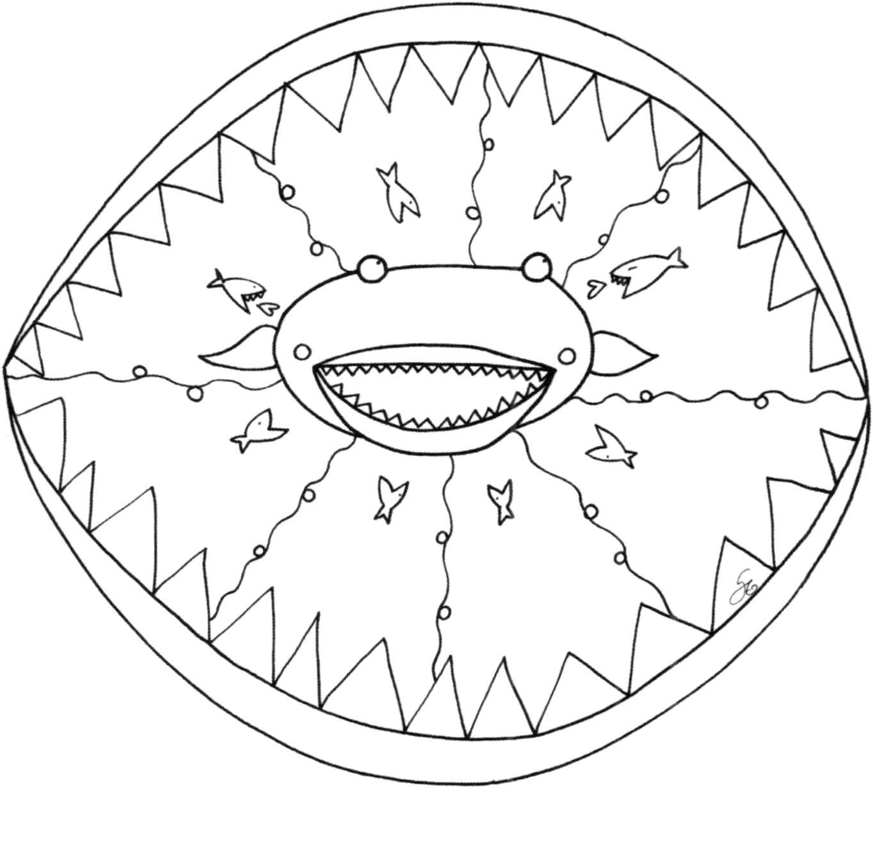

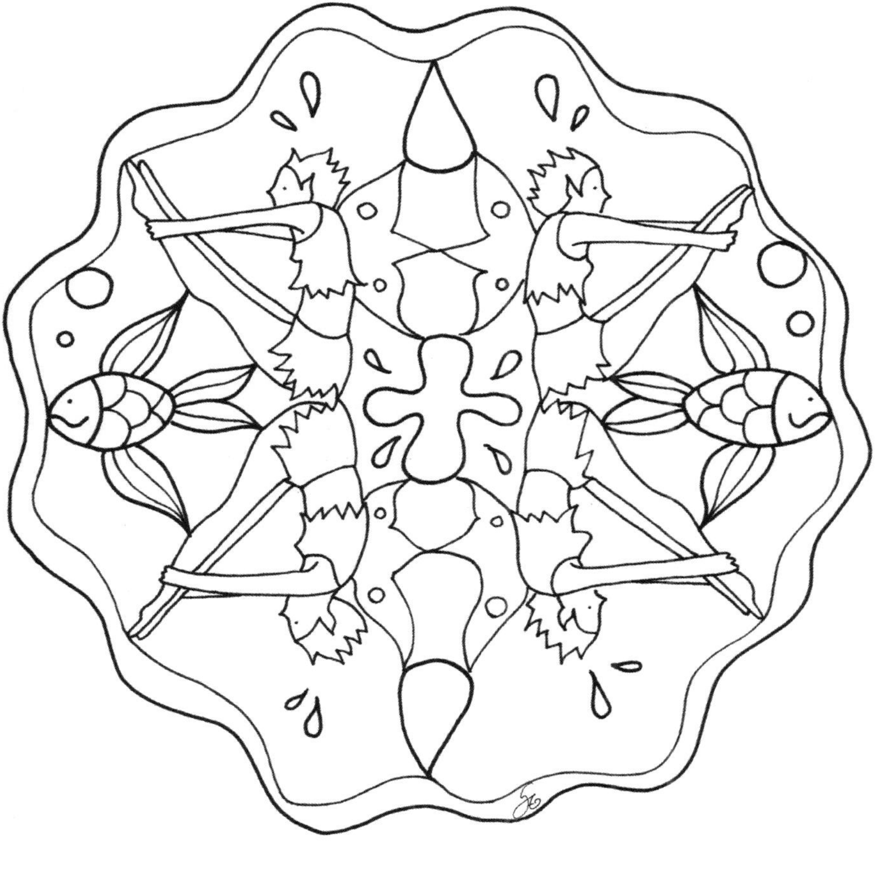

Sua opinião é muito importante para nós!

Escreva-nos um e-mail para opiniao@vreditoras.com.br
com o título deste livro no “Assunto”.